Inhalt

Wie süß! Dürfen kleine Hunde wirklich alles? Natürlich nicht, denn Erziehung ist keine Frage der Größe!

SPEZIAL

Vom Welpen bis zum Hunderentner: Was die Kleinen erst ausprobieren, haben die Großen längst gelernt.

Menschensprache – Hundesprache

Jedes Lebewesen muss sich mit seinen Artgenossen verständigen können. Wir Menschen haben die Fähigkeit entwickelt, Worte zur Verständigung zu gebrauchen. Die Verständigung durch Sprache ist uns so wichtig geworden, dass wir andere Kommunikationsmöglichkeiten fast vergessen haben.

Wir Menschen leben seit Jahrhunderten mit Tieren zusammen und Hunde haben in diesem Zusammenleben einen besonderen Platz. Egal, ob der Hund Jagdhund, Wachhund oder Gesellschafter des Menschen ist, die Verbindung zwischen Hund und Mensch ist enger als mit jedem anderen Tier. Eine so enge Bindung kann aber nur zustande kommen, wenn eine gegenseitige Verständigung möglich ist. Hunde sind, ebenso wie wir Menschen, sehr soziale Lebewesen und dazu bereit, sich mit uns zu verständigen.

Der Hund benutzt auch Laute zur Verständigung, aber darüber hinaus setzt er seinen ganzen Körper und alle Sinne ein, um sich mitzuteilen. Hunde verständigen sich über sichtbare Signale, über Geräusche, Geruch und Körperkontakt. Diese, im wahrsten Sinne des Wortes, Körpersprache des Hundes müssen wir erlernen, wenn wir den Hund wirklich verstehen wollen.

Wir Menschen lernen sehr früh, dass wir anderen Menschen zuhören müssen, um sie zu verstehen. Tieren hingegen muss man vor allem zusehen, um sie zu verstehen. Das fällt uns Menschen nicht leicht, denn wir achten kaum noch auf die Körpersprache. Die Körpersprache des Hundes ist sehr vielfältig. Mit ihr kann er alles ausdrücken, was er fühlt.

Wenn Hunde miteinander spielen, setzen sie viele Signale ihrer Körpersprache ein – eine gute Lehrstunde für den Menschen.

Mit allen Sinnen

Auf den Mensch gekommen

Lebewesen, die in Gruppen mit anderen Artgenossen leben, sind auf eine gut funktionierendc Verständigung angewiesen. Alle Aktivitäten, die den Fortbestand der Gruppe und damit auch das Überleben des Einzelnen sichern, müssen aufeinander abgestimmt werden. Zur Verständigung können Tiere und auch Menschen verschiedene Verständigungskanäle benutzen, wie z. B. sehen, hören und riechen.

Signale geben

Mit Hilfe dieser verschiedenen Verständigungssysteme ist es Hunden möglich, sehr umfassend und genau deutlich zu machen, was sie wollen und fühlen. Das geschieht vor allem durch Kombination der einzelnen Verständigungskanäle oder durch Abstufung der Signale. Das heißt, Gesten und Worte können kombiniert, Worte alleine aber auch in unterschiedlicher Lautstärke, Länge und Betonung eingesetzt werden.

▸ **Besonders schwierig** ist die Verständigung dann, wenn Mitglieder unterschiedlicher Arten einer sozialen Gruppe angehören – wie das ja bei Mensch und Hund der Fall ist. Glücklicherweise haben Mensch und Hund die besten Voraussetzungen, um sich zu verständigen, da sie zum Teil dieselben Verständigungskanäle benutzen und beide ein großes Interesse an sozialer Bindung haben.

Das Zusammenleben

Menschen und Hunde sind soziale Lebewesen und brauchen den Kontakt zu Sozialpartnern.
Hunde sehen die Welt aus Hundesicht – auch wenn ihre Reaktionen mitunter fast menschlich erscheinen.
Hundeverhalten zu verstehen ist die Grundlage für eine gute Verständigung.

Hund und Mensch

Ein Hund ist ein sehr anpassungsfähiges und intelligentes Lebewesen. Er ist in der Lage viele Kommandos zu erlernen und ausgesprochen schwierige Aufgaben zu erfüllen. Sein ausgeprägt geselliges Wesen macht ihn feinsinnig für Botschaften seines Gegenübers und er orientiert sich gern an den Verhaltensweisen seiner Sozialpartner.

▸ **Viele Hunde** hören unverkennbar aufmerksam zu, wenn ihr Mensch mit ihnen spricht. Sie erkennen, ob der Mensch traurig, fröhlich oder wütend ist. Hunde sind also in der Lage, viele der von Menschen bewusst oder unbewusst ausgesendeten Signale zu verstehen.

▸ **Der Mensch glaubt,** an der Art des Bellens seines Hundes erkennen zu können, was er möchte. Trotzdem kommt es oft zu Missverständnissen. Und umgekehrt gibt es Hunde, die für aggressiv gehalten werden, aber eigentlich sehr ängstlich sind. Es gibt auch Hunde, die aggressiv sind und für ängstlich gehalten werden.

Vermenschlicht

Der Mensch neigt dazu, das Verhalten des Hundes zu vermenschlichen und dabei leider oft gänzlich misszuverstehen. Im entgegengesetzten Extrem werden Hunde vollständig versachlicht, was zur Folge hat, dass ihnen Gefühle und Bedürfnisse sozialer Art – ganz zu schweigen von deren Äußerung – völlig abgesprochen werden. Wie so oft, liegt der richtige Weg irgendwo in der Mitte und ist sehr schwierig zu finden. Die Tatsache, dass Hunde nicht über Sprache im menschlichen Sinn verfügen, sollten wir klar erkennen. Das bedeutet jedoch nicht, dass keine umfangreiche

SMART

Körpersprache

- **Beobachten Sie** Ihren Hund gut – er spricht mit dem ganzen Körper.
- **Bedenken Sie** immer, dass auch der Hund Ihre Körpersprache beobachtet – Worte und Körpersprache sollten immer übereinstimmen.

Oft scheint ein Hund jedes Wort zu verstehen.

Verständigung möglich ist. Im Gegenteil, der Hund ist in der Lage, sich mit Hilfe sehr fein abgestufter Signale eindeutig mitzuteilen. Ein Hund braucht hierfür die Kombination aller Verständigungskanäle. Aufgabe des Menschen ist es, Signale erkennen und verstehen zu lernen.

Hund und Katze

Im Prinzip ist die Verständigung einer Tierart darauf ausgerichtet, mit Artgenossen zu kommunizieren. Da Tiere aber sehr lernfähig sind, sind sie oft auch in der Lage, Signale anderer Tierarten zu erlernen.

Wenn Hunde und Katzen miteinander aufwachsen, verstehen sie sich meistens problemlos. Das ist eine Leistung, denn die Körpersprache von Hunden und Katzen ist zum Teil genau entgegengesetzt: Ein aufgerichteter Schwanz ist bei einer Katze ein freundliches Signal, während die vergleichbare Körperhaltung des Hundes dem Imponieren ähnelt. Auch das freundliche Schwanzwedeln des Hundes bedeutet bei der Katze etwas völlig anderes: Sie schlägt mit dem Schwanz, wenn sie aufgeregt ist. Hunde können lernen mit vielen unterschiedlichen Tierarten auszukommen. Wirkliche Verständigung findet aber nur zwischen wenigen Tierarten statt. Bei vielen Tierarten kann man erreichen, dass Hunde sie akzeptieren, auch wenn sie sie nicht verstehen können. Denn: Je intensiver das Sozialleben einer Tierart ist, desto umfangreicher sind die Verständigungsmöglichkeiten.

1 ◂ **Hund und Katze** müssen große Sprachbarrieren überwinden, um sich miteinander verständigen zu können. Wie bei uns Menschen, lernen auch bei den Hunden, die Kinder häufig am Schnellsten. Wenn daher Hund und Katze miteinander aufwachsen, können sie die besten Freunde werden. Solche Freundschaften halten ein Leben lang.

◂ **Mit ausreichend Zeit** und in kleinen Schritten können auch Hund und Pferd lernen, einander zu verstehen. Der Mensch kann dabei als Vermittler eine hilfreiche Rolle spielen.

2

▸ **Selbst Tierarten,** die eigentlich klassische Beutetiere darstellen, können für unseren Haushund zum Spielkamerad werden. Aber Vorsicht! Bei manchen Hunden ist der Jagdinstinkt noch stark genug ausgeprägt, um in einem Kaninchen eine leckere Mahlzeit zu sehen. Die ersten Kontakte sollten daher unter Aufsicht stattfinden.

3

4

▴ **Auch zwischen Freunden** verschiedener Tierarten spielt Körperkontakt eine wichtige Rolle. In so direktem Umgang miteinander lernen beide Partner schnell, was erwünscht und was nicht erwünscht ist.

Riechen und schmecken

Riechen ist für Hunde sehr wichtig. Sie verständigen sich zum Beispiel über ihre Reviergrenzen durch Duftmarken, die sich aus komplizierten Duftgemischen bestehen. Der Geschmackssinn ist ebenfalls extrem gut ausgebildet: Ein Hund hat etwa 2000 geschmackssensible Papillen auf der Zunge.

Hunde können sehr viel besser riechen als wir Menschen. Sie haben 23-mal so viele Riechsinneszellen wie wir. Mit dieser hervorragenden Spürnase können Hunde nicht nur winzig kleine Duftmengen riechen, sie können auch kleinste Teilgerüche voneinander unterscheiden, wie z. B. die Duftmarken, die Hunde hinterlassen.

Hunde haben auch ein ganz besonders gutes Gedächtnis für Gerüche. Sie können jedes Lebewesen, das ihnen schon einmal begegnet ist, an seinem Geruch wieder erkennen. Außerdem können Hunde an dem Geruch eines Artgenossen feststellen, ob es sich um ein männliches oder weibliches Tier handelt, ob es alt oder jung ist und ob ein Weibchen fortpflanzungsbereit ist. Selbst manche Gefühle können erschnüffelt werden: Angst, Aufregung oder auch Stress haben einen charakteristischen Geruch.

Der Geruch anderer Hunde enthält wichtige Informationen.

Wertvolle Helfer

Die außerordentliche Fähigkeit von Hunden, ihre Nase zu benutzen, macht sie zu wertvollen Helfern für den Menschen, wenn dessen Nase überfordert ist.

▸ **Rettungshunde** können verschüttete Menschen selbst dann noch finden, wenn sie unter meterhohen Trümmern- oder Schneebergen verschüttet sind.

Hunde haben eine unglaublich gute Nase.

▸ **Spürhunde** können der Geruchsspur eines Menschen selbst dann noch folgen, wenn die Spur schon viele Stunden alt ist.

Geschmackssache

Geschmackssache: Wie bei allen Wirbeltieren ist auch beim Hund die Zunge das zentrale Geschmacksorgan. Sie analysiert die Hauptgeschmacksrichtungen süss, sauer, salzig und bitter und ergänzt dadurch die sehr viel feiner abgestufte Geruchsanalyse. Daher nehmen Hunde auch manchmal eine Geschmacksprobe von Dingen, die sie zuvor erschnüffelt haben. Das können wir Menschen mitunter äusserst Ekel erregend finden, wie z. B. bei Urin oder Kot. Für einen Hund ist das jedoch völlig normal – er erhält so für ihn wichtige Informationen über seine Umwelt.

SMART

Duftnoten

- **Spürnase:** Lassen Sie Ihren Hund alles Neue in Ruhe erschnüffeln.
- **Benutzen Sie** geruchsneutrale Hundeshampoos und niemals Parfüm für Ihren Hund.

Körperkontakte

Körperkontakt ist ein sehr wichtiges Verständigungsmittel für Hunde. Hunde, die in einer Gruppe zusammenleben oder gar miteinander verpaart sind, berühren sich sehr häufig. Sie schlafen eng aneinander geschmiegt oder betreiben lang andauernde, gegenseitige Fellpflege.

Die Bedeutung dieses Knabberns im Fell des Partners und anderer säubernder Aktivitäten geht jedoch weit über eine gegenseitige Reinigung hinaus. Mit Hilfe solcher Körperkontakte werden Bindungen aufgebaut und immer wieder neu bestätigt. Bei jeder Begrüßung zwischen befreundeten Hunden oder während gemeinsamen Ruhephasen kann man ausgiebige Schnauzen- und andere Zärtlichkeiten beobachten. Das Abwehren von Körperkontakt ist ein genauso starkes negatives Signal. Erlaubt ein Hund einem anderen nicht, ihn zu berühren, ist das nicht nur ein räumliches, sondern auch ein soziales ‚Abstand halten'.

Entspanntes Kuscheln miteinander verstärkt die Bindung.

Kuschelstunde

Auch mit dem Menschen versuchen Hunde sich immer wieder auf dieser Ebene zu verständigen und es ist wichtig, darauf auch einzugehen. So sollte jede Begrüßung mit freundlichem Streicheln verbunden sein und auch Kontaktliegen kann ermöglicht werden, indem man den Hund für einige Zeit neben sich auf der Couch liegen lässt oder sich eben zu ihm auf den Boden setzt.

- **Berührungen** sind besonders wichtig im Umgang mit Welpen und können auch bei deren Erziehung sehr wirkungsvoll eingesetzt werden. Sie sind eine wesentlich gesündere Belohnung als manches „Leckerli" und für den Hund mindestens ebenso schön.
- **Pflege:** Wenn der Welpe von klein auf gute Erfahrungen mit der menschlichen Hand gemacht hat, wird auch die notwen-

Eng aneinander geschmiegt schläft es sich besser – wenn man nicht Wachdienst hat.

SMART

Nähe fühlen

- **Nehmen Sie** häufig Körperkontakt zu Ihrem Hund auf – ein kurzes Streicheln genügt oft schon.
- **Bringen Sie** Ihrem Hund bei, dass er auch Sie jederzeit berühren darf, wenn er das vorsichtig tut.
- **Fehlender** Körperkontakt wirkt sich negativ aus.

dige Fellpflege (Bürsten, Kämmen, Trimmen) für den Hund angenehm sein. Besonders bei Rassen mit sehr langem und/oder gelocktem Fell ist die Pflege sonst eine Tortur für Hund und Mensch. Fängt man jedoch frühzeitig im Welpenalter, wenn das Fell noch weich und leicht zu pflegen ist, damit an, den Hund mit viel Zeit zu bürsten und zu streicheln, wird die Fellpflege zu einer „bindungsverstärkenden" Aktivität.

Abstand halten

Das Verweigern von Körperkontakt ist für den Hund sehr unangenehm und wirkt für ihn als ‚Strafe'. Gut überlegt eingesetzt, ist es daher ein wirkungsvolles Erziehungsmittel.

Was hört ein Hund?

Auch in der Wahrnehmung von Geräuschen sind Hunde uns Menschen weit überlegen. Sie hören zum Beispiel viel höhere Töne als wir, deshalb können wir Hundepfeifen gebrauchen. Hunde können auch sehr leise Geräusche noch hören, und sehr laute Geräusche finden sie meist ausgesprochen unangenehm.

Die Laute, die Hunde zur Verständigung einsetzen, umfassen ein sehr breites Spektrum an Tonhöhen und Lautstärken, von denen wir Menschen nicht alle, aber doch einen großen Teil hören können. Trotzdem ist den meisten Hundebesitzern nicht bewusst, wie umfassend die Lautäußerungen ihres vierbeinigen Freundes eigentlich sind.

Mehr als nur Bellen

Versuchen Sie mal, zu hören, welche Laute der Hund überhaupt benutzt. Das hört sich zunächst einfach an (jeder kann Bellen von Knurren unterscheiden), wird aber schnell zu einem Problem, wenn es darum geht, z. B. einzelne Belllaute zu unterscheiden – denn hiervon gibt es einige. Natürlich müssen auch andere Dinge berücksichtigt werden, so z. B. ob bestimmte Laute miteinander kombiniert werden oder ob ein und derselbe Laut mehrmals nacheinander geäußert wird. Ebenfalls von Bedeutung ist es, wie häufig ein Laut eingesetzt wird.

Warnbellen bedeutet: Komm lieber nicht näher!

Genau hinsehen

Ganz besonders wichtig ist es schließlich, die Funktion und Bedeutung der verschiedenen Laute zu verstehen. Dies ist zum einen mit Hilfe anderer Signale möglich, die gleichzeitig gezeigt werden (z.B. Körpersprache) und deren Bedeutung man bereits erkennt. Zum anderen kann man Hunde im Umgang miteinander beobachten und aus der Reaktion des jeweiligen Gegenübers sehr wichtige Hinweise auf die Bedeutung der eingesetzten Laute ermitteln.

Sprache lernen

Lautäußerungen gehören zum Verhaltensrepertoire des Hundes und sie lassen sich, wie andere Verhaltensmuster auch, erzieherisch beeinflussen. Anders als bei uns Menschen, die wir die Laute (=Worte) erst erlernen müssen, ist das Lautrepertoire des Hundes angeboren. Was der Hund jedoch erlernen kann, ist, in welchem Zusammenhang welcher Laut eingesetzt werden sollte und wann nicht. Fehlt ein entsprechender Zusammenhang, wird ein Laut mitunter auch gar nicht eingesetzt. Es gibt beispielsweise Hunde, die niemals von sich aus heulen – bis sie das Heulen eines anderen Hundes hören. Dann stimmen sie instinktiv in das so genannte Chorheulen ein.

Allein auf weiter Flur: *Dieser Hilferuf ist weithin hörbar.*

SMART

Schallgrenzen

- **Schützen Sie** Ihren Hund vor allzu lauten Geräuschen.
- **Überprüfen Sie** von Zeit zu Zeit, ob das Gehör Ihres Hundes noch in Ordnung ist: Schwerhörigkeit oder Taubheit wird bei Hunden oft nicht erkannt.
- **Sein Gehör** ist sehr viel empfindlicher als das Unsere.

Hundesprache

Fieplaute (volltönendes „ii") werden bei Unsicherheit oder Angst eingesetzt. Bei starkem Schmerz bzw. bei lebensbedrohlichen Situationen kann das Fiepen sehr laut und durchdringend sein. Besonders umweltunsichere Hunde fiepen, wenn man sie alleine lässt, mitunter sehr lang andauernd und mit steigender Lautstärke (häufig kombiniert mit Bell- oder Heullauten). Fiepen kann aber auch zur Begrüßung geäußert werden und signalisiert hier freundliche Unterwerfung.

Gruppenheulen stärkt den Zusammenhalt und hält mögliche Eindringlinge auf Abstand..

Winseln

Winseln (sehr hohes, dünnes „ii") drückt sozusagen psychischen Stress eines Hundes aus. Ein Hund winselt typischerweise dann, wenn er sehr verunsichert oder verängstigt ist. Winseln dient auch der Beschwichtigung eines dominanten Gegenübers.

Heulen

Die Fähigkeit zu heulen (volltönendes „uu") ist bei verschiedenen Rassen sehr unterschiedlich ausgeprägt.
▸ **Während einige Hunde** nie heulen, neigen andere dazu, sich von verschiedensten Umweltgeräuschen (Sirenen, Kirchenglocken, Musik u.v.m.) zu lang andauerndem Heulen inspirieren zu lassen. Das ist wahrscheinlich ein instinktives Einstimmen in vermeintliches Chorheulen, das man bei Haushunden auch dann hören kann, wenn sie mit mehreren Artgenossen in einer Gruppe zusammenleben (z. B. Schlittenhunde, Jagdhunde).
▸ **Dieses gemeinsame Heulen** hat die Funktion, den Rudelzusammenhang zu stärken und informiert mögliche Konkurrenten gleichzeitig darüber, dass dieses Gebiet bereits beansprucht wird. Das Isolationsheulen eines Hundes soll seinen abwesenden Sozialpartner rufen.

Knurren

Knurren (rollendes „rr") kann sich sehr unterschiedlich anhören (von sehr kurz bis sehr lang, von sehr tief bis deutlich höher usw.).
▸ **Die Bedeutung** des jeweiligen Knurrens hängt dabei von den begleitenden Körper- und Mimiksignalen ab. Verbunden mit Spielsignalen ist es eine Spielaufforderung. Außerhalb des Spielens dagegen ist derselbe Laut, verbunden mit den entsprechenden sichtbaren Signalen, immer eine wirkungsvolle Drohung oder Warnung.

Spielbellen ist unverwechselbar und hält das Spiel in Gang.

Bellen

Bellen wird in den unterschiedlichsten Situationen eingesetzt. Daher denken viele, dass das Bellen an sich keine spezielle Bedeutung hat, also ein Laut ohne eigenen Informationsgehalt ist. ▸ Hunde bellen immer dann, wenn sie aufgeregt sind und ein oft bellender Hund ist dementsprechend ein hysterischer Hund – so die weit verbreitete Vorstellung. Ganz so einfach ist es aber nicht. So gibt es z. B. ein Spielaufforderungs-Bellen, einen Misch-Belllaut, der Unsicherheit signalisiert und natürlich das Droh-Bellen bzw. Warn-Bellen. Jeder Belllaut hat ein bestimmtes akustisches Muster, das ihm einen spezifischen Klang verleiht. Auch die Anzahl hintereinander gesetzter Belllaute ist von Bedeutung. Selbst ohne den bellenden Hund zu sehen, sind diesem Laut also eine Menge an Informationen zu entnehmen. ●

SMART

Hunde, die bellen ...

- **Hunde können** viel mehr als nur bellen.
- **Lautäußerungen** haben immer einen Bedeutung – versuchen Sie diese anhand der übrigen Körpersignale zu verstehen.

Zähneklappern und mehr

Hunde bellen und knurren – aber das ist noch nicht alles: Auch das Seufzen, Gähnen und Grunzen dient ihnen unter anderem zur Verständigung untereinander.

Viele Variationen

Hunde geben noch einige andere „Geräusche“ von sich, z. B. das Zähneklappern, das im Rahmen eines Drohens diesen Ausdruck unterstreicht. Auch werden verschiedene Atemgeräusche, wie Schnauben, Seufzen, Niesen, Grunzen, Husten usw., als Verständigungssignale eingesetzt. Hunde schnauben häufig dann, wenn sie aufgeregt versuchen, eine Witterung aufzunehmen. Ebenso seufzen Hunde, wenn sie sich entspannt auf ihrem Lieblingsplatz ausstrecken. Führt abgrundtiefes Seufzen oder Grunzen dazu, dass der Mensch unweigerlich lachen muss oder den Hund freundlich anspricht „Du armer Hund, hast Du es aber schwer!“, so kann das Seufzen oder Grunzen alsbald ein Beschwichtigungslaut werden, denn auch in dieser Beziehung sind Hunde ausgesprochen lernfähig.

Ganz nach Typ

Natürlich ist die Bell- bzw. Lautäußerungsfreudigkeit unterschiedlich stark ausgeprägt. Manche Hunde sind eher „schweigsam“, manche sehr lautäußerungsfreudig. Es ist übrigens durchaus möglich, das Bellverhalten seines Hundes entsprechend seiner Veranlagung erzieherisch zu beeinflussen.

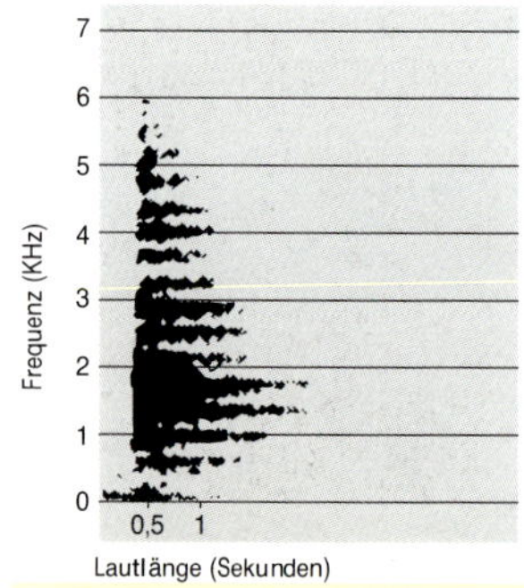

Spielbellen

Sonografische Darstellung

In dieser Abbildung sind die physikalischen Eigenschaften des Spielbellens sichtbar gemacht.

- Der Frequenzbereich des Spielbellens ist sehr breit, d. h. es enthält sowohl sehr tiefe als auch hohe Töne.
- Die Aufteilung in schmale Frequenzbänder bezeichnet man als tonal und sie verleiht dem Laut einen ‚freundlichen' Klang.
- Der Schwärzegrad der Abbildung zeigt, dass Spielbellen eine ziemlich hohe Lautstärke hat und, dass der Laut sehr abrupt beginnt.

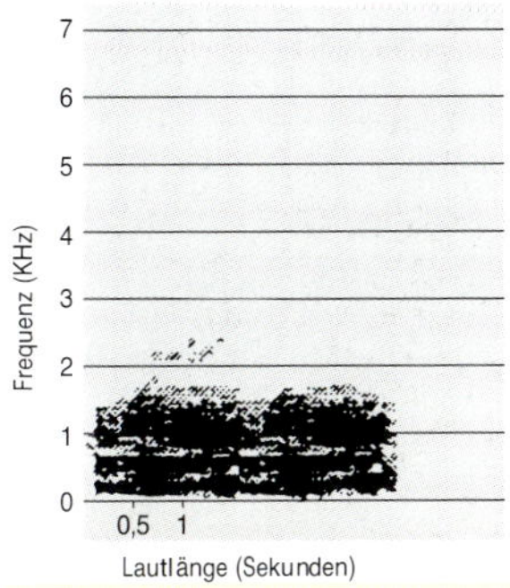

Knurren

Sonografische Darstellung

In dieser Abbildung sind die physikalischen Eigenschaften des Knurrens eines Hundes sichtbar gemacht.

▸ Anders als beim Spielbellen ist der Frequenzbereich des Knurrens eher schmal und beschränkt sich auf tiefere Tonlagen.

▸ Das Fehlen einzelner Frequenzbänder macht das Knurren zu einem ‚atonalen' Laut, der sich weniger klangvoll-freundlich anhört.

▸ Ein Knurren kann sich über mehrere Minuten hinziehen, denn Hunde können sowohl beim Ein- wie beim Ausatmen knurren.

Körpergröße und Tonfrequenz

Je nach Größe

Verschiedene Hunderassen können in ihrer Körpergrösse sehr unterschiedlich sein. Dies wirkt sich auch auf den Klang ihrer Laute aus.

▸ Je kleiner ein Hund, desto höher klingen oftmals die Laute, die er von sich gibt. Das hängt auch mit der relativen Grösse des Stimmapparates zusammen.

▸ Trotzdem ist der Aufbau und die Zusammensetzung der Laute noch immer hundetypisch und wird daher von anderen Hunden auch erkannt.

▸ Laute, die unabhängig vom Stimmapparat gebildet werden, also vor allem Atemgeräusche, sind durch Körpergrösse kaum beeinflusst.

Heulen: oder einsam wild

Typisch Wolf

Das Heulen ist für viele Menschen der Inbegriff des einsamen, wilden Wolfes. Tatsächlich ist das Heulen auch ein sehr charakteristischer Laut für Wölfe. Auch in Gefangenschaft lassen Wolfsrudel oftmals zu bestimmten Tageszeiten ihr klangvolles Chorheulen hören.

▸ Heulen – ob alleine oder im Chor – ist über viele Kilometer zu hören und Rudelmitglieder können einander an kleinsten Klangunterschieden erkennen.

▸ In der Wildnis wird Wolfsheulen als bedrohlich verstanden, denn ein Wolfsrudel auf der Jagd hält mithilfe des Heulens untereinander Kontakt.

Wie der Hund die Welt sieht

Hunde können nicht nur besonders gut riechen, sie haben auch gute Augen. Für den Hund als Jäger ist es wichtig, Bewegungen auch in größerer Entfernung wahrzunehmen. Windhunde beispielsweise jagen Beute, die sie sehen, und orientieren sich dabei weniger an ihrem Geruchssinn.

Obwohl Hunde sich oft nach ihrer Nase richten, können sie auch gut sehen. Vor allem Bewegungen können Hunde noch über sehr große Entfernungen wahrnehmen, und auch Entfernungen können sie gut abschätzen. Aber auch in der Verständigung spielt das Sehen bei Hunden eine große Rolle. Hunde benutzen feine Körpersignale und auch Gesichtsausdrücke, um sich mitzuteilen.

Die nach vorne gerichteten Augen eines Hundes können vor allem Bewegungen über weite Entfernungen gut sehen.

Der erste Eindruck

Es ist für den Menschen als Sozialpartner eines Hundes ebenso wichtig wie für dessen Artgenossen, die Körpersignale eines Hundes möglichst schnell in bestimmte grundlegende Kategorien einzuordnen.

- **Die richtige Auslegung** des Ausdrucks und der daraus folgenden Absichten des Gegenübers („neutral", „freundlich", „ängstlich" oder „aggressiv") ist notwendig, um in der jeweiligen Situation angemessen reagieren zu können. Denn natürlich sollte man auf einen Neutralität signalisierenden Hund ganz anders zugehen, als auf einen, der Aggressivität signalisiert.
- **Grundsätzlich stellen** Hunde ihre Absichten durch genau passende Körpersignale dar. Während also z. B. ein drohender Hund sich möglichst groß macht und sein Gegenüber starr ansieht, macht ein unterwürfiger Hund sich möglichst klein und weicht den Blicken seines Gegenübers aus.
- **Das unterschiedliche Aussehen** der Haushundrassen macht es allerdings unmöglich, allgemeingültige Schablonen für einzelne Stimmungen zu bestimmen.
- **Bei verschiedenen Rassen** sind einzelne Ausdrucks-Bausteine aufgrund angeborener äußerer Merkmale oder auch aufgrund massiver Eingriffe des Menschen stark verfälscht, bei einigen fehlen sie sogar ganz. Daher kann der jeweilige Gesamt-

ausdruck verschieden aussehender Hunde, bei gleicher Ausdrucksabsicht, sehr unterschiedlich wirken.

Die Situation

Zwischen den einzelnen Ausdruckskategorien sind unzählige Abstufungsmöglichkeiten und Übergangsformen möglich. Zudem muss immer die Situation berücksichtigt werden, in der der Hund sich befindet. Man kann eine bestimmte Verhaltensweise nicht als gut oder schlecht einstufen, sondern höchstens als situationsgerecht oder nicht situationsgerecht. Mit anderen Worten: Ein aggressiver Hund ist nicht unbedingt ein „bösartiger“ Hund. Es gibt viele Situationen in denen Aggression ein ganz natürliches Verhalten ist.

Wer verstehen will, muss aufmerksam beobachten und zuhören.

SMART

Freie Sicht

- **Sehen können** ist wichtiger als gut aussehen! Achten Sie bei langhaarigen Rassen darauf, dass die Augen stets frei sind.
- **Sie können** die Haare mit einem einfachen Haargummi oder mit einer Spange zusammenfassen, damit die Augen frei sind.

Erkennen und verstehen

Wichtig ist zunächst einmal das Aussehen, also die Körpersprache, seines Gegenübers zu erkennen. Hierfür ist es notwendig, alle Signalkomponenten zu sehen und schliesslich auch die Situation mit zu berücksichtigen. Erst wenn man all diese Einzelinformationen zusammengesetzt hat, wird man auch in der Lage sein, die Botschaft zu verstehen.

Kinderstube

In den ersten ungefähr zwei Wochen ihres Lebens sind Hundewelpen blind und können auch noch nicht hören. Sie sind völlig hilflos und lediglich dazu in der Lage, mühsam kurze Strecken zu krabbeln. Verständigen können sie sich nur über bestimmte Laute, mit denen sie ihre Mutter und ihre Geschwister suchen.

Welpen krabbeln nur, wenn es absolut notwendig ist. Das heißt, nur dann, wenn ein Welpe den Kontakt zu seinen Geschwistern verliert oder wenn er Hunger hat. Wenn solche neugeborenen Welpen herumkriechen, dann reagieren sie dabei auf Berührungen und auf Wärmereize. Konkret bedeutet das, dass ein Welpe immer versuchen wird, zu einer Wärmequelle zu kriechen. Diese instinktive Verhaltensweise ist für einen neugeborenen Hund überlebenswichtig, da er seine Körpertemperatur zunächst nicht selbst regulieren kann.

Geschwisterstreit: *Eine wichtige Übung in sozialer Kommunikation.*

Mama rufen

Immer dann, wenn er sich nicht selber helfen kann, ist es sehr wichtig für einen Welpen, in irgendeiner Weise seine Mutter auf sich aufmerksam machen zu können. Die einzige aktive Verständigungsmöglichkeit des kleinen Welpen sind in dieser Zeit bestimmte Laute, die in Länge und Lautstärke sehr unterschiedlich sein können. Je länger und lauter das Rufen eines Welpen ist, desto dringender ist sein Bedürfnis.

- **Ein gesunder Welpe** braucht in den ersten Lebenswochen vor allem Nahrung und Wärme.
- **Erst mit dem Öffnen** der Augen, also ab der 3. Lebenswoche, beginnen die Welpen, sich für ihre übrige Umwelt zu interessieren. Von nun an sind sie in ihrem Erkundungsdrang nicht mehr zu bremsen.

Hundegeschwister spielen nicht nur miteinander, sie kuscheln auch und geben sich Sicherheit

Leben ohne Mutter

Die verschiedenen Hunderassen entwickeln sich sehr unterschiedlich.

▸ **Bestimmte Spielformen,** wie zum Beispiel Beißspiele, sind bei einigen Hunderassen viel früher zu beobachten als bei anderen. Auch die allgemeine Entwicklungsgeschwindigkeit ist sehr verschieden. Daher ist es unmöglich, einen allgemein gültigen Zeitpunkt zu benennen, an dem Welpen von ihrer Mutter getrennt werden sollten.

▸ **Eine** Hundemutter weiß in der Regel am besten, wann ihre Welpen alt genug sind, um selbstständig zu werden. Wenn es soweit ist, werden die Welpen immer häufiger von der Mutter weggeschubst, wenn sie mit ihr spielen wollen oder bei ihr trinken. In dieser Zeit sind die Sozialspiele zwischen den Wurfgeschwistern sehr wichtig für deren Entwicklung. Es ist daher wichtig, die Hundegeschwister auch nach der Entwöhnung von der Mutter noch einige Wochen beisammen zu lassen. Ist das nicht möglich, muss für viel Kontakt mit anderen Hunden gesorgt werden. ●

SMART

Kinderzeit

› **Welpen sollten** nicht zu früh von der Mutter und den Geschwistern getrennt werden. Sie lernen in den ersten Monaten viel voneinander.

› **Achten Sie darauf,** dass Ihr Hund Kontakt mit Artgenossen verschiedener Altersgruppen hat.

Körper-sprache

Neutral

In vielen Fällen verfolgt ein Hund keinerlei bestimmte Absichten und ist auch keinen positiven oder negativen (inneren oder äußeren) Einflüssen ausgesetzt. Ganz entsprechend wirkt er dann eben auch „neutral“: Das heißt, es sind keine eindeutigen Absichten zu erkennen, keine Laute zu hören und es findet auch keine körperliche Annäherung statt.

Neutralität

Ein Hund, der beim Anblick eines nicht vertrauten Artgenossen oder Menschen „Neutralität“ ausdrückt, ist zunächst einmal schwer einzuschätzen. Die Annäherung an diesen Hund sollte also in kleinen Schritten erfolgen, da eine freundliche Reaktion ebenso möglich ist wie eine ängstliche oder aggressive.

▸ Zeigt ein Hund häufig einen neutralen Ausdruck auf die Zuwendung durch „seinen“ Menschen, so ist das allerdings Anlass zur Sorge. Denn eine gute Bindung zwischen Hund und Mensch äußert sich auch immer in einer aufmerksamen, freundlichen oder auch leicht unterwürfigen Reaktion des Tieres auf die Ansprache durch seine Menschen. Erfolgt dies nicht, so sollten Sie als Halter sich fragen, ob Sie Sich wirklich in ausreichendem Maße mit ihrem Hund beschäftigen.

▸ Eine mangelnde soziale Bindung wird über kurz oder lang unweigerlich zu Konfliktsituationen führen. Die neutrale Reaktion auf Zuwendung kann ein erster Hinweis auf fehlende Bindungsintensität sein.

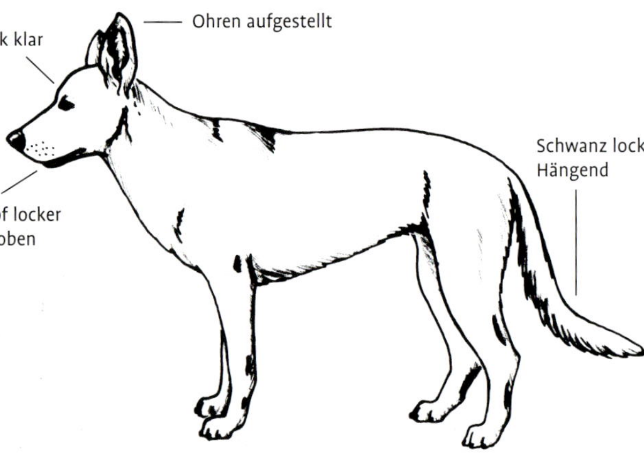

Weitere Merkmale
- Gesicht = glatt (entspannt)
- Körperhaltung = aufrecht, stehend, sitzend, liegend

Ein neutraler Ausdruck lässt keine eindeutigen Absichten erkennen..

Was kann ich tun?

Fremde Hunde, die sich mir gegenüber neutral verhalten, sollte ich einfach in Ruhe lassen.

▸ Bei meinem eigenen Hund sollte ich darauf achten, jede Ansprache auch mit einer positiven Aktion, also z. B. Körperkontakt zu verbinden. Wenn ich meinen Hund

Mal Pause machen: Neutralität kann auch Entspannung ausdrücken.

anspreche, sollte ich ihm auch deutlich machen, was ich von ihm will.

‣ Denn häufiges, sinnloses Ansprechen führt dazu, dass der Hund Ansprache als neutrale Geräuschkulisse verstehen lernt und dementsprechend neutral reagiert. Wenn mein Hund sich mir gegenüber oft neutral verhält, muss ich meinen Umgang mit ihm viel positiver gestalten. Das kann ich sehr einfach tun, indem ich ihn immer mal wieder zu mir rufe und dann ausgiebig mit ihm schmuse oder spiele. Mein Hund sollte wissen, dass es immer ein Grund zur Freude ist, wenn ich ihn rufe.

SMART

Alles okay?

- **Neutralität** ist nicht zu verwechseln mit Freundlichkeit.
- **Wirkt Ihr Hund** sehr häufig „neutral", kann das ein Zeichen für gesundheitliche Probleme sein. Gehen Sie sicherheitshalber mit ihm zu einem Tierarzt.
- **Im Sozialverband** kann Neutralität auch Desinteresse an einem anderen Hund bedeuten.

Freundlich

Ein freundlicher Hund kann sowohl unterwürfig als auch selbstbewusst sein.

Unterwürfig

Ein wichtiger – und positiver! – Ausdruck sozialer Bindung ist die so genannte „aktive Unterwerfung“. Die aktive Unterwerfung findet bei der Begrüßung statt und dient dazu, Bindungen zu demonstrieren und zu festigen. Typisch hierfür ist auch, dass der Hund zu versuchen scheint, die Mundwinkel des Sozialpartners zu belecken.

▸ Dieses Mundwinkellecken ist bei Welpen ein Signal des Futterbettelns, es dient jedoch auch als Beschwichtigungsgeste. Häufig kann man in diesem Zusammenhang den Hund auch „fiepen“ oder „winseln“ hören.

▸ Bei erwachsenen Hunden ist das – zumeist nur angedeutete – Mundwinkellecken ausschließlich eine deutliche Demonstration der eigenen Unterlegenheit und damit auch die Anerkennung der übergeordneten Stellung des Gegenübers.

▸ Bei der „aktiven Unterwerfung“ geht die Initiative immer von dem sich unterwerfenden Hund aus. Der Sinn dieses Verhaltens liegt darin, vorbeugend zu beschwichtigen, also gar keine aggressive Stimmung aufkommen zu lassen.

▸ In keinem Falle ist die aktive Unterwerfung als mangelndes Selbstbewusstsein des Hundes zu verstehen. Dieses Verhalten ist ausschließlich positiv. Bereits ein kurzes Streicheln als Reaktion auf die aktive Unterwerfung eines Hundes genügt und wirkt sich ausgesprochen festigend auf die soziale Bindung zwischen Hund und Mensch aus.

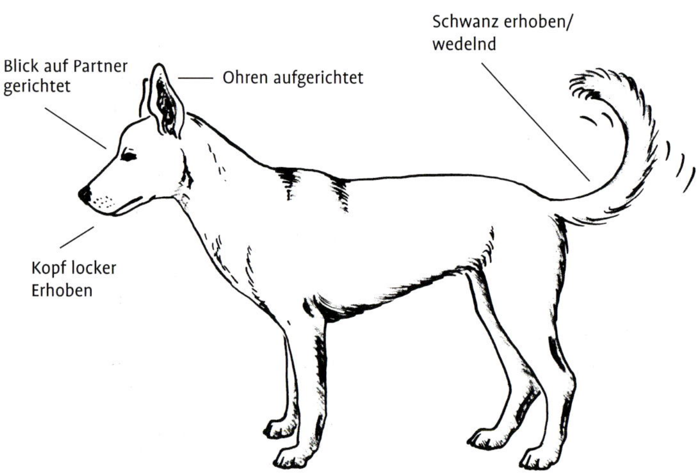

Weitere Merkmale

- Körperhaltung = in Bewegung
  (Querstellen, Vorlaufen, Folgen, Drängeln, Pföteln u.a.)
- Schnauze = möglicherweise leicht geöffnet

Beschwichtigungsgeste

Ein Hund wird sich nach einer Trennung gegenüber seinen zurückkehrenden Menschen oftmals aktiv unterwerfen.

▸ Bei der Begrüßung wird sowohl die Bindung als auch die Rangordnung

Eine nette Begrüßung wird immer gerne gesehen.

zwischen den Beteiligten bestätigt. Manchmal winseln Hunde dann oder tragen ein Spielzeug oder einen Knochen herbei, um dieses „Geschenk“ dem Menschen vor die Füße zu legen. Dies ist ebenfalls als Beschwichtigungsgeste zu verstehen.

Vor allem dann, wenn den menschlichen Partner durchwühlte Papierkörbe oder ähnliches erwartet, wird freundlich-unterwürfiges Verhalten gern als schlechtes Gewissen interpretiert. Das ist zwar vermenschlichend, führt aber in diesem Falle meistens trotzdem zu der gewünschten, nämlich freundlichen Reaktion.

SMART

Seid nett

- **Freundlichkeit** wird auch bei Hunden zumeist mit Freundlichkeit beantwortet.
- **Ein Hund muss** nicht zu jedem anderen Lebewesen freundlich sein. Akzeptieren Sie aber niemals aggressives Verhalten gegen Menschen.

Selbstbewusst

▸ **Freundlich-selbstbewusst** ist ein Hund gegenüber Artgenossen oder auch Menschen, denen er sich zwar nicht unterordnen muss, die aber auch keine Bedrohung darstellen. Demonstriert werden soll die Bereitschaft zu freundlichem Umgang miteinander. Das Gegenüber hat nun die Möglichkeit, auf diese freundliche Annäherung einzugehen.

▸ **Gegenüber** seinen Sozialpartnern kann und sollte ein Hund im sozusagen unbeschwerten Umgang miteinander freundlich-selbstbewusst auftreten. Das ist immer dann der Fall, wenn die Situation in keinem Zusammenhang mit möglichen Rangordnungskonflikten steht.

Ängstlich

Die meisten Hunde versuchen, ernsthaften Auseinandersetzungen aus dem Weg zu gehen; sogar dann, wenn sie sich bedroht fühlen.

Beschwichtigen

Bevor ein Hund sich aktiv wehrt, macht er zunächst einmal deutlich, dass er sich bedroht fühlt. Er zeigt dann mit Hilfe einer bestimmten Signalkombination, dass er keinerlei Interesse an einer Auseinandersetzung hat.

▸ Die Absicht eines beschwichtigend-ängstlichen Ausdruckes ist es, Artgenossen (oder auch Menschen) zu beschwichtigen, die durch Imponier- oder Drohverhaltensweisen ihre Überlegenheit und Angriffsbereitschaft signalisieren.

Viele Hunde heben zur Beschwichtigung des Gegenübers eine Vorderpfote hoch („Pföteln"), was zumeist sogar von Menschen instinktiv als Bittgeste empfunden wird.

▸ Da dieses Pföteln gegenüber dem Menschen ein so außerordentlich erfolgreiches Signal ist, beschränkt sich dessen Einsatz bald nicht mehr auf die oben genannte Situation. Es wird zu einer universellen Bettelgeste, die der Hund zeigt, wenn er an der Nahrungsaufnahme des Menschen teilnehmen, rausgehen, spielen oder etwas anderes will.

▸ Eine weitere eindringliche Demonstration der eigenen Unterlegenheit ist die Abgabe kleiner Urinmengen und intensives Winseln. Wenn alle diese Signale, die sowohl in der geringeren und erst recht in der stärksten Intensität eindeutig sind, nicht zu einer Beschwichtigung des Gegenübers führen, geht der beschwichtigend-ängstliche Ausdruck des sich unterwerfenden Hundes in ein Abwehrdrohen über.

Weitere Merkmale
- pföteln
- fiepen, winseln

Wer sich klein macht, wird nicht als Bedrohung angesehen.

Abwehr

Abwehrdrohen signalisiert, dass ein Hund sich ernsthaft bedroht und gleichzeitig unterlegen fühlt. Es soll aber auch deutlich machen, dass er sich – falls unumgänglich – mit aller Kraft wehren wird. Das wird vor allem durch gesträubtes Fell, Knurren oder Bellen, vermischt mit Winseln, Gebissklap-

Alle Signale stehen auf Beschwichtigung.

pern und letztlich durch Zuschnappen kundgetan.

▸ Trotz der Demonstration einer aggressiven Verteidigungsbereitschaft ist ein abwehrdrohender Hund bereit, auf nachlassende Bedrohung mit erneuten Beschwichtigungsversuchen zu reagieren. Das Zurückweichen des Gegners wird von ihm nicht als Schwäche interpretiert.

▸ Abwehrdrohen ist, trotz des aggressiven Ausdrucks, eine eindeutige Unterlegenheitsgeste.

▸ Es ist wichtig, Abwehrdrohen nicht als erneute oder fortgesetzte „Aufmüpfigkeit“ zu interpretieren. Ein Hund, der die oben beschriebenen Signale zeigt, ist am Ende seiner Möglichkeiten angelangt, Unterlegenheit zu demonstrieren. Weitere Bedrohungen zwingen den Hund, seinem Selbsterhaltungstrieb folgend, zum Angriff und ernsthaftem Kampf, der in aller Regel für einen Menschen nur schlecht ausgehen kann.

SMART

Angsthasen

› **Angst ist ein** wichtiges und sinnvolles Gefühl, das verhindert, dass wir uns unnötig in Gefahr begeben.

› **Gewöhnen Sie** Ihren Hund an ungefährliche Situationen, die ihm Angst machen. Aber denken Sie daran: Je mehr Sie ihn beschützen, desto ängstlicher wird er.

Was kann ich tun?

Einen fremden, ängstlichen Hund sollte ich grundsätzlich in Ruhe lassen. Ist mein eigener Hund unbegründet ängstlich, sollte ich durch Ruhe und eigene Selbstsicherheit dieser Angst entgegenwirken. Ist mein Hund begründet ängstlich, sollte ich gemeinsam mit ihm die Distanz zur Quelle der Angst vergrößern.

Imponieren

Imponieren kann (und soll) als verdeckte Drohung verstanden werden. Ein imponierender Hund droht keinesfalls mit einem Angriff, er versucht nur deutlich zu machen, dass er im Falle einer ernsthaften Auseinandersetzung ein gleichwertiger oder sogar überlegener Gegner wäre. Das sichtbare Imponierverhalten wird unterstrichen, indem geknurrt, uriniert, geschoben, gedrängelt, die Pfote auf den Rücken des Gegners gelegt, das Nackenfell gesträubt usw. wird. Die eigene Größe und Stärke wird durch die Körperhaltung betont, was den Rivalen einschüchtern soll.

Kein Kampf

Der eigentliche Sinn des Imponierverhaltens liegt darin, eine ernsthafte körperliche Auseinandersetzung zu umgehen. Dieses Verhalten ist in der Natur sehr verbreitet, denn ein Kampf beinhaltet, auch für den Gewinner, immer die Gefahr einer Verletzung. Selbst eine kleine Verletzung kann sich entzünden und, zumindest bei wild lebenden Tieren, letztlich sogar zum Tod führen. Aus diesem Grunde ist es immer sinnvoller, einen Ernstkampf zu vermeiden.

- Anhand der gegenseitigen Demonstration ihrer Gesundheit, Stärke und Größe schätzen potentielle Gegner ihre Chancen ab, einen möglichen Kampf zu gewinnen oder zu verlieren.
- Ein Hund wird besonders intensiv und lang andauernd imponieren, wenn er auf einen mehr oder weniger gleich starken Gegner trifft. Ein fast gleichrangiger Gegner löst neben Angriffstendenzen auch jedes Mal Angst aus.
- Das Imponieren bietet sozusagen eine Ausweichmöglichkeit: Zum einen wird ein Ernstkampf durch das eventuell lang andauernde gegenseitige Imponieren vermieden, zum anderen müssen mögliche Ansprüche nicht sofort aufgegeben werden, was ja bei einer Flucht der Fall wäre.

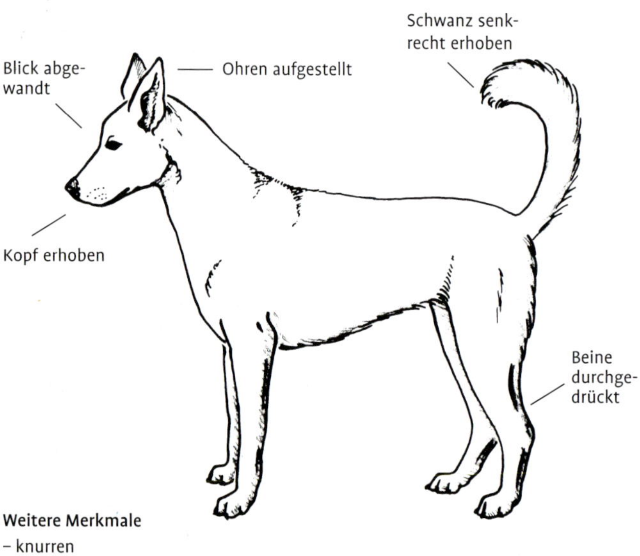

Sich möglichst groß zu machen, ist ein wichtiger Bestandteil des Imponierens.

Kräftemessen durch Selbstdarstellung, das ist Imponieren.

▸ Zu einem Kampf kann es kommen, wenn das Imponieren nicht funktioniert, weil einer der Kontrahenten sich nicht an die Regeln hält. Diese Regeln sehen vor, dass der Unterlegene des Imponier-Wettstreites sich unterwirft.

▸ Vor allem bei kleinen Hunden kann man vielfach erleben, dass sie ihre körperlichen Fähigkeiten völlig überschätzen: Sie imponieren vor viel größeren Artgenossen und zeigen dann auch keine Unterlegenheit, wenn der Gegner seine eindeutige Überlegenheit demonstriert. In solchen Fällen kann es dazu kommen, dass der größere, überlegene Hund den kleineren, unterlegenen angreift. Selbst wenn es von unseren menschlichen Moralvorstellungen abweicht, sollte man sich bewusst machen, dass hier der kleinere Hund ein Fehlverhalten gezeigt hat und nicht der größere.

Verhalten gegenüber Menschen

Verhält sich ein Hund gegenüber seiner menschlichen Bezugsperson imponierend, sollte diese das in keinem Fall durchgehen lassen. Es ist zwar ganz natürlich, dass ein Hund gelegentlich versucht, seine Rangordnungsposition zu verbessern. Das darf aber, auch bei kleinen Hunden, kein Grund zur Belustigung sein, sondern sollte als ernsthafte Bemühung verstanden werden, die ihm gesetzten Grenzen zu durchbrechen.

▸ Lässt man dies zu, ist die Wahrscheinlichkeit, dass der Hund auch aggressive Verhaltensweisen zeigen wird, sehr hoch.

Was kann ich tun?

Um Imponierverhalten meines eigenen Hundes entgegen zu wirken, lasse ich ihn einige einfache Kommandos befolgen.

SMART

Kräftemessen

› **Gegenseitiges Imponieren** zwischen Hunden ist ein ganz normales Verhalten.

› **Schreiten Sie ein,** wenn Ihr Hund gegenüber Menschen Imponierver halten zeigt – ein solches Kräftemessen kann zu Problemen führen.

› **Verhält** ein fremder Hund sich imponierend, sollten Sie Distanz wahren.

Groß und klein

Jeder Hund versucht, mehr oder weniger hartnäckig, sich in der Hierarchie seines Sozialverbandes hochzuarbeiten. Das gilt für große und für kleine Hunde und ist natürlich bei allen Hunden problematisch – auch wenn sie noch so klein sind.

Das Bestreben den Rang zu verbessern, ist zwangsläufig immer mit aggressiven Verhaltensweisen verbunden. Dieses Verhalten ist völlig natürlich und Sie sollten es entsprechend wertfrei betrachten. Es ist aber wichtig, es unabhängig von der Körpergröße des Hundes einzuordnen.

So sollten auch kleine Hunde von klein auf Kontakt zu unterschiedlich großen Artgenossen haben und gut erzogen werden.

Klein ganz groß

Hunde sind unabhängig von Größe oder Rasse immer rangordnungsbewusst, d. h. sie verhalten sich entsprechend ihrer Rangordnungsposition. Dabei gilt: Je höher der Hund seine Position einschätzt, desto mehr Rechte billigt er sich selber und desto weniger den übrigen Gruppenmitgliedern zu. Auch kleine Hunde können davon überzeugt sein, ganz groß zu sein.

1 ◂ Mitunter haben große Hunde gegenüber kleineren Artgenossen einen ausgeprägten Beschützerinstinkt. Sie verhalten sich dann fast, als wäre der kleine Hund ein Welpe, der geputzt und angeleitet werden muss. Nicht alle kleinen Hunde wissen das zu schätzen, manche jedoch genießen diese Fürsorge in vollen Zügen.

Ich darf alles

Häufig kann man sehen, dass körperlich kleine Hunde sich sehr viel mehr Rechte herausnehmen als große. Selbst eindeutig aggressives Verhalten wird bei kleinen Hunden oftmals geduldet oder sogar belächelt. Das ist darauf zurück zu führen, dass ein aggressiver Zwergpudel für den Menschen eher niedlich aussieht (und sich auch so anhört), während ein aggressiver Schäferhund schnell Angst auslöst. Auch wenn ein Zwergpudel einen (erwachsenen) Menschen kaum ernsthaft verletzen kann, sollte aggressives Verhalten auch bei kleinen Hunderassen niemals zugelassen werden. Selbst wenn viele Menschen sehr tolerant gegenüber kleinen Hunden sind, so sind andere Hunde das oftmals nicht. Hunde reagieren auf die Botschaft, die ihr Gegenüber aussendet, nicht auf seine Körpergröße. Es ist daher wahrscheinlich, dass ein kleiner, aggressiver Hund über kurz oder lang ernsthafte Probleme mit einem größeren Hund bekommen wird. Ebenso wahrscheinlich ist, dass der kleine Hund dabei zu Schaden kommen wird.

2

▲ Manche Besitzer von kleinen Hunden haben Angst, dass ihr Hund im Umgang mit einem grossen Hund verletzt werden könnte. Diese Angst ist völlig unbegründet, wenn beide Hunde ein korrektes, d. h. artgerechtes Sozialverhalten erlernt haben. Natürlich ist dieser Yorkshire gut beraten, die Dogge nicht ernsthaft zu attackieren ...

Drohen

Bevor ein Hund tatsächlich einen Gegner angreift, zeigt er das im Normalfall sehr deutlich an. Zusätzlich zu den sichtbaren Körpersignalen wie z.B. angelegte Ohren, gebleckte Zähne, fixierender Blick und geduckte Haltung, kennzeichnen verschiedene Verhaltensweisen des Hundes seine Angriffsbereitschaft. Hierzu gehören beispielsweise Knurren oder/und Bellen, Anspringen, Aufreiten, Anrempeln und natürlich Zuschnappen oder gar Beißen.

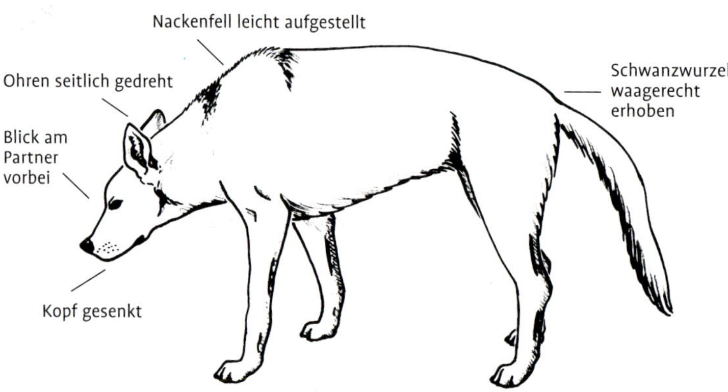

Weitere Merkmale
- aufreiten, anrempeln
- knurren, bellen
- schnappen

Schwanz und Ohren zeigen, dass dieser Hund sein Gegenüber warnt.

Überlegenheit

Grundsätzlich ist ein Hund dann bereit anzugreifen, wenn er sich überlegen fühlt.

▸ Ein überlegener Hund ist aber, anders als ein verängstigter, nicht unbedingt in einer für ihn lebensbedrohlichen Situation, die ihn zum Kampf zwingt. Daher kann sein Verhalten, wenn er auf die Gegenwehr eines starken Gegners trifft, durchaus in Flucht oder Unterwürfigkeit umschlagen.

▸ Das lässt sich häufig bei übermäßig selbstbewussten kleinen Hunden beobachten, die dazu neigen, auch sehr viel größere Hunde anzugreifen. Kommt es jedoch tatsächlich zu einer körperlichen Auseinandersetzung, fliehen die kleinen Angreifer zumeist in heller Panik.

Vorsicht Angst

Ganz anders ist es, wenn ein Hund sich in die Ecke gedrängt fühlt und aus Angst droht (siehe auch „Beschwichtigung“, S. 32). Auch in einer solchen Situation zeigt ein Hund die Zähne und knurrt, aber nur, weil er sich in einer Notlage befindet.

▸ Bedrängt man das Tier jetzt noch weiter, wird es mit Sicherheit angreifen. Hier heißt es, den Abstand zu vergrößern und Ruhe in die Situation zu bringen.

Was kann ich tun?

Verhält ein fremder Hund sich mir gegenüber drohend, wahre ich auf jeden Fall Distanz und kümmere mich ansonsten nicht um ihn.

▸ Zeigt mein eigener Hund

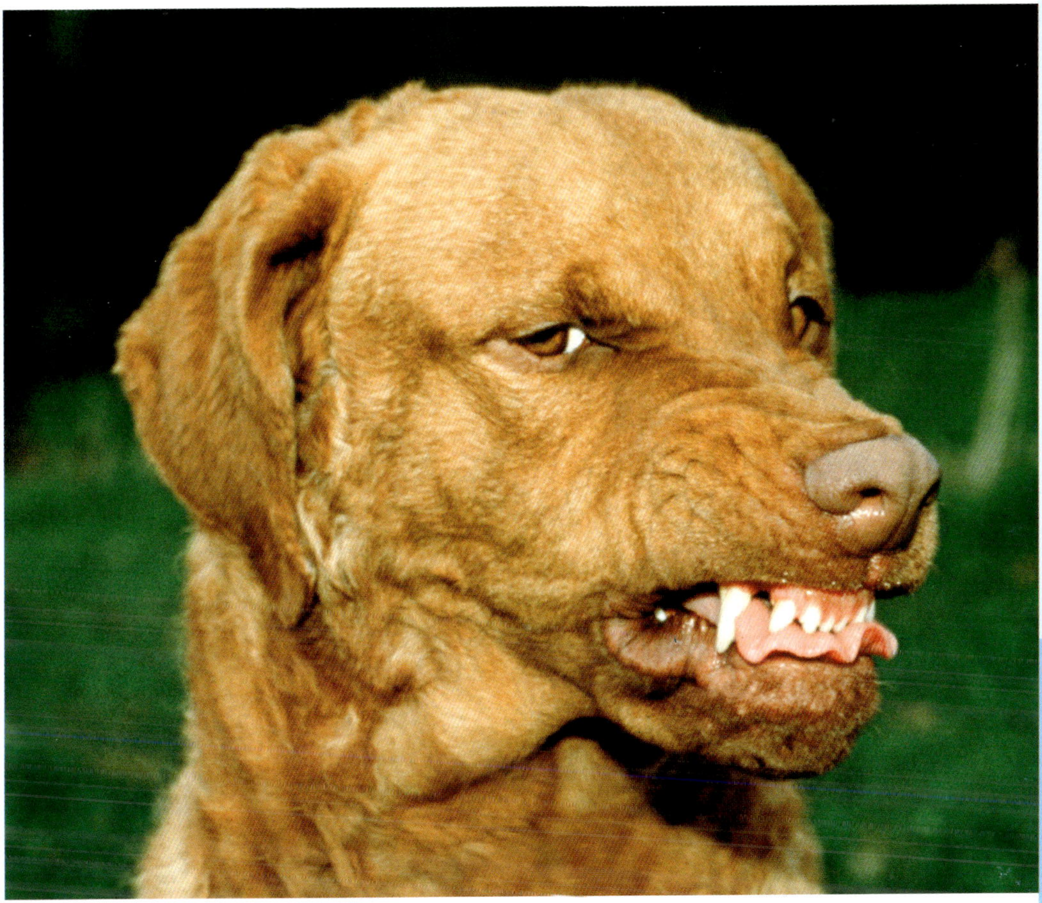

Auch Angstdrohen sieht gefährlich aus.

SMART

Kein Spaß

- **Nehmen Sie das** Drohen eines Hundes immer ernst.
- **Bevor Sie** reagieren, finden Sie heraus, warum Ihr Hund droht.
- **Droht Ihr Hund** aus Überlegenheit, lassen Sie ihn Kommandos befolgen.
- **Einem ängstlich** drohenden Hund müssen Sie seine Angst nehmen.

unerwünscht Drohverhalten, durchbreche ich dieses Verhalten, indem ich ihn einfache Kommandos folgen lasse. Es ist wichtig, sich in solchen Situationen konsequent durchzusetzen und auf jeden Fall die Kontrolle über das Aggressionsverhalten des Hundes behalten.

▸ Droht mein Hund aus Angst, muss ich ihn zunächst mit viel Ruhe aus der Angst auslösenden Situation befreien und ihm ruhig und freundlich seine Angst nehmen. Das gilt auch und vor allem, wenn ich ihn selbst im Rahmen einer Erziehungssituation dahin gebracht habe. Konsequentes Festhalten an meinem Vorhaben würde in diesem Fall zum ernsthaften Konflikt führen.

Der gefährliche Hund

Unter welchen Voraussetzungen kann ein Hund für den Menschen gefährlich sein, und wie äußert sich das? Die Ursachen, die dazu führen können, dass ein Hund für Menschen gefährlich wird, sind sehr unterschiedlich. Entsprechend weichen auch die Möglichkeiten, diesem Problem zu begegnen, voneinander ab.

Angstbeißer

Hunde, die aus Angst beißen, sind nicht zu unterschätzen. Aber so unberechenbar, wie man den „Angstbeißern“ nachsagt, sind sie keineswegs. Es ist nur leider so, dass die Signale, die ein ängstlicher, unsicherer Hund aussendet, von vielen Menschen (und auch Hunden) nicht verstanden werden.

▸ **Ein ängstlicher Hund** ist vor allem darum bemüht, möglichst jeden Kontakt zu vermeiden. Eine Auseinandersetzung ist problemlos zu verhindern, indem man sich diesem Hund nicht weiter nähert und seine eigene, als sicher empfundene Distanz nicht unterschreitet.

Rassegerechte Haltung

Besonders Hunde, die ursprünglich gezüchtet wurden, um eine bestimmte Funktion zu erfüllen (Jagdhunde, Schlittenhunde, Hütehunde usw.) haben spezielle Umweltansprüche, die ihnen angeboren, und nicht durch Erziehung zu beeinflussen sind.

▸ **Dazu gehören** ein besonders hoher Bewegungsbedarf sowie bestimmte klimatische Bedingungen oder ein

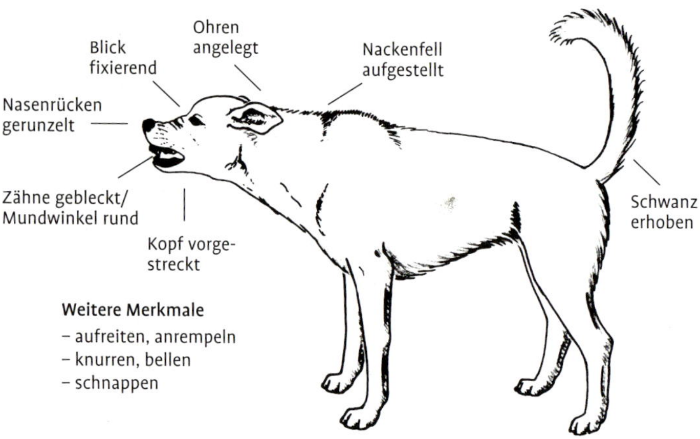

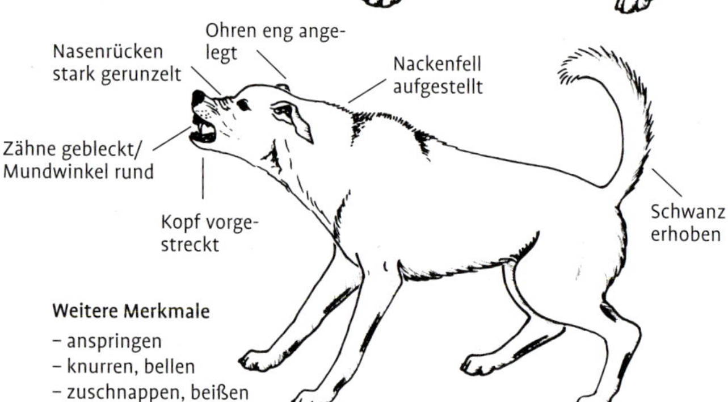

Ein Angriff wird durch immer intensiveres Drohverhalten deutlich angekündigt.

bestimmtes soziales Umfeld. Werden die Aufzucht und/oder Haltungsbedingungen den Bedürfnissen eines solchen Hundes nicht gerecht, kann das nachhaltige Folgen haben.

▸ Ein dermaßen frustrierter Hund ist in seiner möglichen Aggressivität schlecht einschätzbar. So kann ein Angriff z.B. ohne vorherige Drohung auf einen eigentlich vertrauten Menschen in einer scheinbar völlig unverfänglichen Situation erfolgen.

SMART

Gefahren meiden

- **Unterschätzen** Sie niemals die Gefahr, die von einem aggressiven Hund ausgehen kann.
- **Suchen Sie** frühzeitig fachkundigen Rat, wenn Sie sich bei der Einschätzung des Verhaltens Ihres Hundes nicht sicher sind.
- **Stellen** Sie klare Regeln auf: Sie bestimmen, wann und wo gespielt oder gefressen wird und auch, wo der Hund sich aufhält.
- **Seien Sie** konsequent in der Durchsetzung von einmal aufgestellten Regeln.

Hier geht die Verteidigung des Territoriums eindeutig zu weit.

Hilfe

Inwieweit Störungen dieser Art umkehrbar sind, hängt vor allem von ihrem Ausmaß ab. Für zukünftige Hundebesitzer ist es ganz besonders wichtig, sich vor der Anschaffung des Tieres sehr genau nach dessen speziellen Bedürfnissen zu erkundigen und zu überlegen, ob sie dem entsprechen können.

▸ Das Aussehen eines Hundes darf keinesfalls die vorrangige Rolle bei der Auswahl spielen. Letztlich macht ein wunderschöner aber verhaltensgestörter Hund keine Freude.

Rang-einweisung

Sehr häufig wird die übersteigerte Aggressivität eines Hundes damit begründet, dass dieser Hund eben von Geburt an „schlecht" gewesen sei, aus einer „schlechten" Zucht stamme. Oft ist jedoch schlechter Umgang die Ursache.

Eine Grundvoraussetzung für den artgerechten Umgang mit dem (völlig normalen) aggressiven Verhalten eines Hundes, ist die Zuweisung einer festen Rangposition. Diese Zuweisung sollte bereits im Junghundalter erfolgen. Geschieht dies nicht, ist es oftmals unmöglich, den Hund wieder von seiner selbst gewählten hohen Rangposition zu verdrängen. Das Bestreben des Tieres, seine einmal erreichte Position beizubehalten, äußert sich in völlig natürlicher, aber für den Menschen gefährlicher Aggressivität. Die Grenzen dessen, was erlaubt ist, setzt nun der Hund fest und jeder, der diese Grenzen überschreitet, muss letztlich damit rechnen, angegriffen und gebissen zu werden. Am ehesten sind hiervon Kinder und Besucher betroffen, die von dem Hund möglicherweise nicht akzeptiert werden und sich eventuell dem Hund gegenüber unüberlegt verhalten.

1 ◂ Die Rangeinweisung unter Wölfen geschieht zumeist auf sehr liebevolle Weise. Das ‚über die Schnauze beißen' ist oft bei Begrüßungen zwischen erwachsenen Tieren zu beobachten. Es wird aber auch von Müttern gegenüber Welpen eingesetzt, wenn diese über das Ziel hinaus schiessen.

2 ▸ **Die Rangeinweisung** eines Hundes durch den Menschen findet vor allem auch im Rahmen der Erziehung statt, wenn sie hundegerecht durchgeführt wird. Deutliche und für den Hund verständliche Signale müssen benutzt werden. Wichtig ist vor allem, in der Durchsetzung von Anweisungen ruhig und konsequent zu sein!

3 ◂ **Rangordnungskonflikte** zwischen Hunden können sehr heftig sein, müssen aber keineswegs zu Verletzungen führen. Wenn es zu einer solchen Auseinandersetzung kommt, ist es schwierig, sie von außen zu beenden und man sollte als Mensch auf keinen Fall dazwischen gehen. Solche aktiven Auseinandersetzungen können bestehende Rangordnungskonflikt klären. Es gibt aber auch Hunde, die immer wieder miteinander in Konflikt geraten.

Spielen

Hunde sind gesellige Tiere und spielen dementsprechend gern und viel. Im Welpenalter dient dieses Verhalten dazu, die körperlichen Fähigkeiten, aber auch den Umgang mit Artgenossen zu üben. So wird z. B. auch die so genannte Beißhemmung spielerisch erlernt, d. h. der Welpe erfährt, welchen Beißdruck er anwenden kann, ohne negative Reaktionen hervor zu rufen. Im Spiel muss der spielerische Charakter des Verhaltens immer wieder deutlich betont werden. Das ist deshalb besonders wichtig, da häufig auch Signale eingesetzt werden, die eigentlich aggressiv wirken und, falsch verstanden, zu Auseinandersetzungen führen würden.

Völlig übertrieben

Beim Spiel können Signale aus sämtlichen vorher beschriebenen Ausdruckskategorien auftreten. Diese werden im spielerischen Rahmen aber stets in übertriebener Ausdrucksstärke gezeigt, also mit z.B. weit ausholenden Bewegungen. Häufig werden Signalabläufe auch durch spezielle Spielsignale (z. B. Trampeln, Vorderkörper-Tief-Stellung, Hopsen, Kopfschleudern) unterbrochen oder sie nehmen plötzlich einen völlig unerwarteten Verlauf. So kann ein Hund aus einem spielerischen Angriff heraus unvermittelt in eine andere Richtung wegspringen, was dann als Aufforderung zu einem Rennspiel zu verstehen ist.

▸ Die Bedeutung spielerischen Verhaltens bei erwachsenen Tieren ist nicht vollständig geklärt. Möglich erscheint durchaus, dass aus Freude am Spiel, also um seiner selbst willen gespielt wird. Diesen Eindruck erwecken z. B. die Bellspiele mancher Haushunde, bei denen sich die beteiligten Hunde mitunter minutenlang am Boden räkeln und sich gegenseitig anbellen. Sozialspiele können aber auch einen durchaus ernsthaften Sinn haben, indem sie z. B. Aggressionen

Weitere Merkmale
– übertriebene, weit ausholende Bewegungen;
– knurren, bellen

Eine unverkennbare Spielaufforderung: die Vorderkörper-Tief-Stellung.

umlenken, in einer angespannten Situation also als Ventil dienen.

▸ Für den Menschen stellt das Spielen mit seinem Hund auch eine wunderbare Möglichkeit dar, verschiedene wichtige Dinge miteinander zu verbinden: Zum einen trägt Spielen auch bei erwachsenen Hunden zur Festigung der sozialen Bindung bei, da es eine sehr intensive und ausschließlich positive Auseinandersetzung zwischen den Beteiligten ist. Zum anderen fördert das Spielen die körperliche Fitness, da viele verschiedene Körperbewegungen miteinander verbunden werden. Natürlich kann man das Spiel dazu nutzen, um die Erziehung zu verbessern, indem man kleine Übungen einbaut. So kann man bei Apportierspielen den Hund Platz machen lassen, bis man den jeweiligen Gegenstand geworfen hat. Erst dann darf der Hund loslaufen, um den Gegenstand zu suchen. Solche Übungen erfordern einen sehr guten Gehorsam von dem Hund und haben den großen Vorteil, dass sie durch die Fortsetzung des Spiels belohnt werden.

Nicht jeder Spielaufforderung meines Hundes muss ich folgen, ich bestimme wann und was gespielt wird. Werden Spielregeln nicht befolgt (z. B. zu fest gebissen), unterbreche ich das Spiel für einige Gehorsamsübungen und spiele erst danach weiter.

Verschiedene Objekte können in ein Spiel eingebunden werden.

SMART

Spielstunde

- **Im Spiel** trainieren junge Hunde ihre körperlichen Fähigkeiten.
- **Erwachsene** Hunde haben oftmals Lieblingsspiele, zu denen sie mit eindeutigen Gesten auffordern.

Fortpflanzung

Das Fortpflanzungsverhalten ist natürlich ein wichtiger Bestandteil im Leben eines jeden Hundes. Der Fortpflanzungstrieb kann nach Eintritt der Geschlechtsreife (je nach Rasse unterschiedlich) das Verhalten eines Hundes stark beeinflussen. Das trifft vor allem auf Rüden zu, denn diese sind das ganze Jahr über paarungs- und fortpflanzungsbereit. Diese dauerhafte Paarungsbereitschaft führt dazu, dass die meisten Haushundrüden, natürlich mit individuellen Unterschieden, ständig alle Urinmarkierungen intensiv prüfen (riechen, aber auch schmecken). Sie wollen jeder läufigen Hündin möglichst schnell auf die Spur kommen, denn die Signale, die die Fortpflanzungbereitschaft eines Hundes ausdrücken, sind hauptsächlich geruchlicher Natur.

Alle Jahre wieder

Gerade die Verhaltensweisen des Rüden, die zu ihrem Fortpflanzungstrieb gehören, führen dazu, dass viele Menschen lieber eine Hündin halten.

- **Hündinnen** werden nur ungefähr zweimal im Jahr „heiß“ und das auch nur für wenige Tage. Rüden sind das ganze Jahr über an Hündinnen interessiert und lassen sich mitunter nur sehr schwer davon abhalten, einer läufigen Hündin hinterher zu laufen.

Partnersuche

Zu den Verhaltensweisen, die eine Fortpflanzungsbereitschaft signalisieren, gehören Beschnuppern, Folgelaufen, Herandrängen, Präsentieren, Aufreiten, Heranziehen, Beknabbern u. ä. Der Sinn solcher Signale liegt darin, den Partner zum einen zur Paarung aufzufordern und zum anderen die eigene Paarungsbereitschaft zu betonen.

Sozialspiele

Entsprechende Verhaltensmuster zeigen Hunde auch, wenn eine Fortpflanzung nicht das Ziel dieser Bemühungen sein kann, also z. B. gegenüber Geschlechtsgenossen oder Angehörigen einer anderen Art.

- **Nun** ist es nicht so, dass Hunde nicht erkennen, wer ein möglicher Fortpflanzungspartner ist und es deshalb einfach mal probieren. Das würde auch nicht erklären, warum z. B. Hündinnen bei anderen Hündinnen oder Rüden aufreiten. Dies gehört ja eindeutig zum Fortpflanzungverhalten von Rüden und nicht von Hündinnen.
- **In Sozialspiele** können Elemente aus allen Bereichen des Sozialverhaltens eingebracht werden – und dazu gehört auch das Fortpflanzungsverhalten. In diesem Zusammenhang können Verhaltensweisen auftreten, die keinerlei erkennbare soziale Funktion haben, also völlig sinnlos zu sein scheinen.
- **Im Rahmen** solcher Sozialspiele kann auch der Mensch das Objekt scheinbar unzüchtiger Annäherungsversuche seines Hundes werden. Natürlich kann man einem Hund beibringen, dass diese Form des Spiels unerwünscht ist. Da menschliche Moralvorstellungen nicht auf einen Hund übertragbar sind, ist es völlig unangebracht ist, sexuell ausge-

Hundemütter sind in der Regel sehr fürsorglich. Das Putzen der Ohren wird allerdings nicht immer geschätzt …

SMART

Die lieben Triebe

- **Kastrieren** verändert das Fortpflanzungsverhalten nicht bei allen Hunden.
- **Übersteigertes** oder fehlgeleitetes Fortpflanzungsverhalten kann sehr verschiedene Ursachen haben – klären Sie das mit Ihrem Tierarzt.
- **Aufreiten** kann spielerisch sein und geschieht natürlich auch im Rahmen der Paarung.
- **Aufreiten** kann aber auch als Dominanzgeste auftreten, wobei es dann zumeist von der Seite her geschieht.

richtetes Verhalten seines Hundes als peinlich zu empfinden.

Störungen

Leider kommen im Bereich des Fortpflanzungsverhaltens bei Hunden viel zu häufig tatsächliche Störungen vor.

▸ Vor allem bei Hunden, die ohne ausreichenden Kontakt zu Artgenossen aufwachsen mussten, ist eine Fehlorientierung auf den Menschen durchaus möglich. In einem solchen Fall würde der Hund nun den Menschen als Sexualpartner einstufen und würde die Paarung mit einem anderen Hund möglicherweise sogar grundsätzlich verweigern.

▸ Wie viele andere Verhaltensstörungen ebenfalls, ist so eine Fehlorientierung nicht gefährlich für den Menschen und dient vielleicht in einigen Situationen sogar eher der Belustigung.

▸ Wenn ein Lebewesen aufgrund einer Verhaltensstörung nicht mehr in der Lage ist, sich fortzupflanzen, ist das allerdings eher tragisch.

▸ Bei Hündinnen kommt es mitunter zu dauerhaften Scheinträchtigkeiten, die die Gesundheit gefährden. ●

Verstehen und verständigen

SPEZIAL

Jung und alt

Hunde verändern ihr Verhalten im Laufe ihres Lebens: In der Welpenzeit sind sie äußerst verspielt und vor allem daran interessiert, alles zu erkunden und die Welt zu entdecken. In dieser Zeit werden viele Weichen gestellt für ihre weitere Entwicklung.

Für die Welpen sind zunächst ihre Mutter und vor allem auch die Wurfgeschwister die wichtigsten Spielpartner. Aber auch andere Sozialkontakte sind wichtig: Hunde, die als Welpen kaum Kontakt zu Menschen hatten, haben es später schwer, Vertrauen zum Menschen zu entwickeln.

Wo bin ich?

Junghunde wollen sich viel bewegen, viel spielen und ihre körperlichen Grenzen entdecken. Sie messen gerne ihre Kräfte mit ihren Menschen und anderen Hunden. Sie beginnen jetzt auch damit, ihre Rangordnungsposition zu entdecken.

Spielen

Viele erwachsene Hunde spielen ebenso gerne, jedoch haben sich jetzt zumeist Vorlieben für bestimmte Spiele herausgebildet. Diese Vorlieben richten sich vor allem danach, was ihr Mensch fördert und gemeinsam mit ihnen unternimmt. Die

1 ◂ **Viele ältere Hunde** spielen sehr gerne. Allerdings tun sie das weniger ausdauernd als Junghunde und sie sollten auf jeden Fall die Möglichkeit haben, sich zurückzuziehen, wenn ihre Geduld oder ihre Kondition aufgebraucht ist.

Bereitschaft, mit anderen Hunden zu spielen, ist bei erwachsenen Tieren sehr unterschiedlich ausgeprägt. Natürlich spielen sie mit ihrem Nachwuchs und eventuell mit anderen Welpen, wenn diese sie dazu auffordern. Aber auch Laufspiele oder gemeinsame Spiele mit Objekten kann man zwischen erwachsenen Hunden durchaus beobachten. Sie werden im Laufe der Zeit aber seltener.

Im Alter

Alte Hunde sind, entsprechend ihrer nachlassenden körperlichen Möglichkeiten, nicht mehr so ausdauernd und auch an kraftaufwendigen Spielen weniger interessiert. Sozialspiele mit anderen Hunden werden im Alter weniger. Ältere Hunde wollen häufig einfach nur in Ruhe auf ihrem bevorzugten Platz liegen und nicht gestört werden. Spielaufforderungen anderer, auch junger, Hunde werden oft deutlich abgelehnt. Zurückweisungen alter Hunde werden, ebenso wie das aufdringliche Verhalten sehr junger Hunde, von den meisten Artgenossen ohne Probleme akzeptiert.

2 ▲ **Junge Hunde** sind in ihrem Aktivitätsdrang kaum zu bremsen. Alles ist neu und aufregend und muss erkundet werden. Es ist schwierig für einen Junghund, seine Aufmerksamkeit lange auf ein und dasselbe Ziel zu richten, daher sollten Übungsphasen nicht zu lange dauern. Ebenfalls sehr wichtig sind häufige Ruhepausen für einen jungen Hund, um ihn nicht zu überanstrengen.

Fremdsprachen

Der Reichtum an Ausdrucksmöglichkeiten, die dem Hund zur Verfügung stehen, findet sich nicht bei allen Haushundrassen in gleichem Maße. Besonders im Bereich der sichtbaren Verständigung fehlen vielen Hunden Teile bestimmter Signale aufgrund des speziellen Aussehens ihrer Rasse.

Die Gesichtsmimik kann durch starke und lange Behaarung oder Faltenbildung völlig unkenntlich werden, wie es zum Beispiel beim Pudel oder auch beim Briard der Fall ist. Bei vielen Rassen ist eine Veränderung der Ohrenstellung aufgrund von Hängeohren nahezu unmöglich. Bestimmte Rassen können die Haltung ihrer Rute kaum noch verändern: sie kann von „nicht vorhanden" bis zur „Dauerimponierhaltung" reichen.

Bei einigen Hunderassen finden sich gar Kombinationen aller dieser Einschränkungen. Als Beispiel hierfür kann noch einmal der Pudel dienen, der Hängeohren, eine unkenntliche Gesichtsmimik und einen (früher) kupierten Schwanz in sich vereinigt. Es liegt auf der Hand, dass die sichtbaren Verständigungsmöglichkeiten solcher Rassen wirklich drastisch eingeschränkt sind.

1 ◂ Trotz eines zum Teil sehr unterschiedlichen Aussehens, schaffen es die meisten Hunde, sich mit Artgenossen gut zu verständigen. Hierbei sind einige unverkennbare Signale hilfreich, wie z. B. die Vorderkörper-Tief-Stellung. Sehr wichtig ist aber auch der frühzeitige und häufige Umgang mit Artgenossen verschiedener Rassen.

▸ **Früh übt sich:** Wenn Hunde bereits im Welpenalter regelmässig Umgang mit Artgenossen anderer Rassen haben, lernen sie zumeist sehr schnell, miteinander zu kommunizieren. Natürlich können zuerst Missverständnisse auftreten, die aber zwischen jungen Hunden keine Probleme nach sich ziehen und schnell geklärt werden.

2

3

◂ **Vorsichtige Annäherung** ist immer eine gute Methode um Problemen aus dem Weg zu gehen. Gegenseitiges Beschnüffeln beginnt höflicherweise im Kopfbereich und setzt sich dann langsam nach hinten fort. Umgehendes Beschnüffeln der hinteren Körperregion, ohne sich zuvor miteinander bekannt gemacht zu haben, wird von den meisten Hunden sehr unwillig aufgenommen.

Wer einmal lügt

Wann immer Hunde aufeinander treffen, übermitteln sie einander Signale, mit denen sie ihren Umgang aufeinander abstimmen. Beide geben und erhalten Informationen und beide ziehen Vorteile daraus. Was aber geschieht, wenn einer der Beteiligten falsche Informationen übermittelt? Können Hunde überhaupt „lügen"?

Der Begriff des Lügens ist im menschlichen Sprachgebrauch mit einer Wertung verbunden. Er beschreibt eine Handlung, die moralisch verwerflich ist, und kann deshalb nicht auf Tiere angewandt werden. Der Begriff „vortäuschen" vermittelt den Charakter der Übermittlung von falschen Informationen besser und beschreibt eine Handlung, die man bei Tieren oftmals beobachten kann. Das „Lügen" besteht bei Tieren vor allem in der Übertreibung körperliche Eigenschaften (z. B. Größe, Stärke) oder auch Absichten (z. B. Angriffsbereitschaft, Demut). Übertreibungen sind bei Hunden auch fester Bestandteil bestimmter Signalkombinationen, wie z. B. das Fellsträuben (Vortäuschen von Körpergröße) beim Drohen oder Imponieren.

Du hast doch gesagt, ich soll mich selber beschäftigen …

Wahre Schauspieler

Besonders im Zusammenleben mit dem Menschen entwickeln sich manche Hunde jedoch zu wahren Täuschungs-Experten.

- **So wirft** mancher Hunde sich in den höchsten Tönen fiepend auf den Rücken, wenn sein Mensch nur tadelnd den Blick auf ihn richtet – wohl wissend, dass er so einer möglichen Strafe entgeht.
- **Es gibt Hunde,** die während des Spaziergangs gerne mal unerlaubt verschwinden und dann hinkend – obwohl natürlich unverletzt zurückkehren.
- **Andere Hunde** legen sich erbärmlich zitternd, also offensichtlich frierend, zu Füßen ihres Menschen auf

Hunde finden immer etwas zu tun.

den Fußboden, um so auf den bevorzugten Platz auf der Couch zu gelangen.

▸ Hunde sind sehr lernfähig: Je häufiger ein Hund mit einer bestimmten Verhaltensstrategie das Erwünschte erreicht, desto häufiger wendet er sie an.

▸ Das gilt natürlich auch für Verhaltensweisen, die recht unangenehm für den Menschen sein können.

▸ Ein Hund lernt sehr schnell, dass er etwas Leckeres vom Frühstückstisch bekommt, wenn er nur lange genug bellt.

Ein solcher Lerneffekt kann ganz zufällig entstehen, tritt aber recht häufig und in teilweise ungewöhnlichen Situationen auf.

SMART

Ungelogen

› **Hunde lügen nicht,** aber sie sind sehr clever, wenn es darum geht, ein Ziel zu erreichen.
› **Reagieren Sie** bewusst und konsequent auf Verhaltensweisen Ihres Hundes, um ungewollte Lerneffekte zu vermeiden.

Was kann ich tun?

Es ist schwierig, immer richtig zu reagieren. Wann muss ich mich durch unterwürfiges Verhalten beschwichtigen lassen und wann nicht? Wichtig ist, sich immer zu fragen, warum der Hund sich auf eine bestimmte Weise verhält. Habe ich alle Grundbedürfnisse meines Hundes erfüllt? Bin ich konsequent in der Einhaltung von Regeln? Interpretiere ich die Signale meines Hundes richtig? Aber auch: Erzieht mein Hund mich? •

Verstehen – verständigen

Die Verständigung mit seinem Hund ist die Grundvoraussetzung für dessen Erziehung. Es ist natürlich ganz und gar nicht einfach, seinen Hund weder zu vermenschlichen, noch zu versachlichen, seine Täuschungsmanöver zu entlarven und schließlich seine echten Bedürfnisse zu erkennen und zu befriedigen.

Besonders für Menschen, die erstmals auf dem Wege sind, Hundebesitzer zu werden, empfiehlt es sich daher nicht unbedingt, einen Welpen als „Anfängerhund" auszuwählen. Sinnvoller ist es, einen bereits gut sozialisierten älteren Hund aus dem Tierheim zu erlösen. Denn bei weitem nicht alle Hunde, die im Tierheim warten, sind „Problemhunde". Es gibt immer etliche, die aufgrund widriger Umstände abgegeben werden mussten und eigentlich wunderbare Familienhunde sind. Von einem solchen Tier kann ein Hundehalter-Neuling sehr viel lernen.

Ohne Verständigung wird jeder Spaziergang zur Qual.

Artgenossen

Letztlich liegt es in der Verantwortung jedes Hundebesitzers, die Verständigung zwischen Mensch und Tier zu ermöglichen. Das Ausdrucksverhalten des Hundes kann und muss dem Menschen dabei als Grundlage für die Beurteilung des Wohl- bzw. Unwohlbefindens seines Tieres dienen.

▸ **Bei aller Nähe,** die das Zusammenleben von Hund und Mensch mit sich bringen kann, sind und bleiben sie aber doch Angehörige unterschiedlicher Arten. Es sei auch an dieser Stelle betont, dass der Hund seine Menschenfamilie keinesfalls als Artgenossenrudel versteht. Das zeigen schon die leider viel zu häufig vorkommenden Hunde, die sich gegenüber Menschen ausgesprochen freundlich, jedoch ihren Artgenossen feindselig gegenübertreten.

▸ Ebensowenig hält der Hund sich für einen Menschen, auch wenn er noch so viele und verblüffende Verhaltensweisen seines Menschen zu imitieren scheint.

Zwischen den Welten

Auf eine bestimmte Art lebt unser Haushund sozusagen zwischen den Welten. Der Mensch ist unerlässlicher Bestandteil seiner Umwelt und viele Hunde tun sich schwer, ohne Menschenkontakt in einem Hunderudel stabile soziale Beziehungen auf zu bauen. Im anderen

In der Menschenwelt muss der Hund dem Menschen folgen.

Extrem kann ein Hund zwar völlig ohne Kontakt zu anderen Hunden auskommen, normales, also artgerechtes Verhalten zeigt er dann jedoch auch nicht. Und auch für uns Menschen ist es wichtig, Hunde im Umgang miteinander beobachten zu können, um hundetypisches Verhalten erkennen und verstehen zu lernen. Für ein gutes Miteinander sollten sich Hund und Herrchen oder Frauchen also miteinander zwischen die Welten begeben und voneinander lernen. ●

SMART

Hunde verstehen

- **Jeder Hund** hat eine eigene Persönlichkeit, die Sie kennen und verstehen lernen müssen.
- **Versuchen Sie,** die Welt aus der Sicht Ihres Hundes zu sehen.
- **Beobachten Sie** Ihren Hund immer genau und versuchen Sie, seine Signale zu verstehen.

Auf den Hund gekommen

Es ist nicht grundsätzlich eine Vermenschlichung des Hundes, wenn man dem Tier Empfindungen und Gefühle zugesteht – denn die haben sie ganz unbestreitbar, auch wenn sie ihre Empfindungen nicht beim Namen nennen können.

Die Fähigkeit des Hundes, beispielsweise positive und negative Gefühle zum Ausdruck zu bringen und an Freud und auch Leid seines Menschen teilzunehmen, macht sicherlich einen Großteil der oft tief empfundenen Zuneigung zwischen Mensch und Hund aus. Versuchen Sie trotzdem, Ihren Hund nicht zu vermenschlichen.

Artgerecht

Trotzdem wird das Leiden eines Hundes selbst oftmals nicht wahrgenommen. Und ohne Zweifel leiden viele Hunde unter der Nicht-Erfüllung ihrer Bedürfnisse bzw. einer Überbeanspruchung ihrer Anpassungsfähigkeit.

▸ **Die Art des Leides,** die eine nicht-hundgerechte Lebensweise für das Tier bedeutet, kann allerdings sehr unterschiedlich sein und ist oftmals nicht auf den ersten Blick als solches erkennbar.

▸ **Ein Hund,** der aufgrund seines übermäßig aggressiven Verhaltens verschiedenen Einschränkungen unterliegt, z. B. keine Kontakte zu anderen Hunden, wirkt nicht unbedingt leidend, sondern eher so, als wolle er Leid zufügen.

Das Verhalten von Hunden entspricht nicht den Moralvorstellungen des Menschen.

- **Es ist** aber so, dass eine dauernde Aggressionsbereitschaft für den Hund einen ungeheuren Stress bedeutet, der zu ernsthaften gesundheitlichen Problemen führen kann.
- **Da natürlich** zudem das Ausleben der Aggression ständig verhindert wird, kommt eine permanente Frustration hinzu. Um diese abzubauen, muss der Hund Ersatzaktivitäten finden, die z. B. in Stereotypien bestehen können (das sind Bewegungen, die ständig und in immer gleicher Form wiederholt werden).
- **Schließlich** kommt in einem solchen Falle noch das Fehlen positiver sozialer Kontakte hinzu, die für ein so ausgeprägt geselliges Lebewesen wie den Hund natürlich enorm wichtig sind.

SMART

Menschenhund

- **Unser Haushund** braucht den Umgang mit Menschen, um glücklich zu sein.
- **Ohne Umgang** mit anderen Artgenossen kann ein Hund nicht wirklich Hund sein.

Zu viel des Guten: Menschennahrung ist zumeist für Hunde sehr ungesund.

Verantwortung

Es sind gerade seine speziellen Eigenschaften, die den Hund zu einem derart beliebten Haustier gemacht haben. Dass ein Teil dieser Eigenschaften für den Hundehalter Mühe mit sich bringt, steht außer Frage. Es macht sich jedoch bezahlt, diese Mühe auf sich zu nehmen, da sie durch die uneingeschränkte Freude, die das Zusammenleben mit einem ausgeglichenen, sozial sicheren Hund bedeutet, belohnt wird. Es sollte also jedem Hundehalter daran gelegen sein, seinem Hund genau die Lebensbedingungen zur Verfügung zu stellen, die wirklich alle Eigenschaften des Tieres berücksichtigen. Welche Bedingungen das sind, diese Frage kann jeder Hund am besten selber beantworten.

Infoecke

Literatur

- **Feddersen-Petersen, Dorit U.: Hundepsychologie.** Kosmos Verlag, Stuttgart 2004.
- **Laukner, Anna: Hunde füttern.** Verlag Eugen Ulmer, Stuttgart 2006.
- **Ohl, Frauke: Körpersprache des Hundes.** Verlag Eugen Ulmer, Stuttgart 2006.
- **Sinner, Monika: Clickertraining mit dem Hund.** Verlag Eugen Ulmer, Stuttgart 2006.

Making Of

- **Die Autorin** Prof. Dr. Frauke Ohl ist Verhaltensforscherin und Lehrstuhlinhaberin im Dept. of Animals, Science and Society der Veterinärmedizinischen Fakultät der Universität Utrecht in den Niederlanden. Sie hat lange Zeit eng mit der bekannten Verhaltensforscherin Dr. Dorit Feddersen-Petersen zusammengearbeitet.

Adressen

- **Verband für das Deutsche Hundewesen (VDH)**
Westfalendamm 174
44141 Dortmund
Tel.: 0231/5 65 00-0
Fax: 0231/59 24 40

Bildquellen

Doris Baumann: 53; Bildagentur Ipo: Seite 13, 33; Bildagentur Waldhäusl / Arco Digital Images / De Meester J.: 37; Bildagentur Waldhäusl/ Arco/ Digital Images/ Diez, O.: 29; Bildagentur Waldhäusl/ Arco/ Digital Images/ Steimer, C.: 4, 39, 64; Bildagentur Waldhäusl/ Arco/ Digital Images/ Wegner, P.: 21 (2), 47, U3 (Mitte); Helmuth Flubacher: 20, 21; Geduldig/Brinkmann: 27; Thomas Höller: 9; Bildarchiv Juniors: U3 (unten rechts); Bildarchiv Juniors/ J. Neukampf: 45; Bildarchiv Juniors/ U. Schanz: 4, 12, 18, 35, 49, U3 (oben links); Bildarchiv Juniors/ St. Liebold: 22; Bildarchiv Juniors/ Zweig, R.: 41; Dieter Kothe: 17, 43, 50, 52, 57, 58; J.-L. Klein & M.-L. Hubert: 2, 11, 24, 31, 42; Hila Küper: 28, 20, 32, 34, 38, 40, 44; Regina Kuhn: 26, 36, 54; Hans Reinhard: 6, 11 (2), 15, 16, 19, 43, 49; Martin Rügner: U3 (oben rechts); Monika Schaal: 56; Ulrike Schanz: 55; W.-D. Sinnecker: 59; Horst Streitferdt: 14; Sabine Stuewer: 23.

Impressum

Bibliografische Information der Deutschen Bibliothek
Die Deutsche Bibliothek verzeichnet diese Publikation in der Deutschen Nationalbibliografie; detaillierte bibliografische Daten sind im Internet über http://dnb.ddb.de abrufbar.

Wollgrasweg 41, 70599 Stuttgart (Hohenheim)
E-Mail: info@ulmer.de
Internet: www.ulmer.de
Lektorat: Silke Behling
Umschlag- und Innengestaltung: X-Design, München
DTP: juhu media, Susanne Dölz, Bad Vilbel

Druck und Bindung:
Litotipografia-editrice Alcione, Trento
Printed in Italy
ISBN-13: 978-3-8001-4966-7
ISBN-10: 3-8001-4966-4

Infoecke

Internet

- **www.vdh.de**
- **www.tiernotruf.org**
- **www.dhv-hundesport.de**
- **www.hundejo.de**
- **www.hund-und-halter.de**

(Hinweis: Der Eugen Ulmer Verlag ist nicht für den Inhalt von Links verantwortlich)

Haftung

Für Ihr Heimtier tragen Sie selbst die Verantwortung. Die in diesem Buch enthaltenen Empfehlungen und Angaben sind vom Autor mit großer Sorgfalt zusammengestellt und geprüft worden. Eine Garantie für die Richtigkeit der Angaben kann aber nicht gegeben werden. Der Autor und der Verlag übernehmen keinerlei Haftung für Schäden und Unfälle.

Register

SPEZIAL

Kluge Tipps für SMART-KIDS

Schlaue Extras

Alle unsere Haushunde stammen vom Wolf ab. Sogar der kleine Yorkshire-Terrier und auch die große Dänische Dogge.

Ganz anders als der Wolf, der lieber großen Abstand von Menschen hält, sind Hunde gerne mit uns zusammen. Ein Hund kann ein guter Freund sein, der mit Dir durch dick und dünn geht. Genau wie ein guter Freund ist ein Hund aber auch traurig, wenn Du Dir keine Zeit für ihn nimmst. Es gibt viele berühmte Hunde, die besonders gut mit ihren Menschen zusammengelebt haben. Kennst Du sie?